Inhalt

Energiemanagement-Zertifizierung - Energiekosten und Steuern sparen

Kernthesen

Beitrag

Fallbeispiele

Weiterführende Literatur

Impressum

Energiemanagement-Zertifizierung - Energiekosten und Steuern sparen

I.Zeilhofer-Ficker

Kernthesen

- Durch kontinuierlich steigende Energiepreise wird energieeffizientes Arbeiten für alle Betriebe immer wichtiger.
- Energiemanagement-Systeme helfen den Unternehmen, die Energiekosten auf erträglicher Höhe zu halten oder sogar zu reduzieren.
- Verschiedene Zertifizierungen bescheinigen den Unternehmen und Kommunen energieeffizientes Handeln; die

Zertifizierung nach DIN EN 16001 hilft unter Umständen sogar, Steuern zu sparen.

Beitrag

Energieeffizienz und Energiemanagement sind in jedem Betrieb notwendig

Die Preise für Strom, Gas und Erdöl steigen kontinuierlich. Dadurch erhöhen sich die laufenden Betriebskosten in gleichem Maß, sofern nicht konsequent gegengesteuert wird. Laut Bundesumweltministerium sind bei der Beleuchtung Einsparungen von bis zu 70 Prozent, in der Wärmeversorgung bis zu 30 Prozent möglich; bei Abwärmenutzung und Druckluftanlagen können bis zu 40 Prozent weniger Energieverbrauch erreicht werden. Rund zehn Milliarden Euro könnten die deutschen Betriebe pro Jahr durch Energieeffizienzmaßnahmen einsparen, so die Bundesregierung in ihrem jüngsten Energiekonzeptentwurf. (1), (2)

Für 60 Prozent der deutschen Unternehmer steht fest, dass die Energiepreise weiter steigen werden, aber nur 20 Prozent arbeiten an der Verbesserung ihrer Energieeffizienz. Auf die Frage "Wie und wo anfangen? liefern Energiemanagement-Systeme adäquate Antworten. (5)

Energiemanagement nach DIN EN 16001

Nach dem Vorbild der DIN EN 14001 für Umweltmanagementsysteme beschreibt die DIN EN 16001 formell die Anforderungen an ein betriebliches Energiemanagementsystem. Diese DIN-Norm wurde im August 2009 veröffentlicht - auch sie folgt dem Plan-Do-Check-Act-Prinzip (Planen, ausführen, kontrollieren, optimieren). Betriebe, die ein Energiemanagementsystem nach DIN EN 16001 betreiben, können sich entsprechend zertifizieren lassen. (3)

Am Anfang eines Energiemanagementsystems steht die Bestandsaufnahme im Betrieb. Dabei sollte festgestellt werden, welche Energieträger im Betrieb eingesetzt werden, wie hoch der Energieverbrauch insgesamt sowie aufgeteilt auf einzelne Anlagen und Geräte ist. Diverse Software-Tools können hierbei helfen, erfassen sie doch kontinuierlich alle Energiedaten pro Verursacher. Wenn alle Verbrauchsdaten vorliegen, ist schnell erkennbar, wo die größten Energiesparpotenziale schlummern. Möglicherweise ist bereits mit einfachsten Mitteln eine Verbrauchsoptimierung zu erreichen. Ist beispielsweise eine bestimmte Maschine besonders energieintensiv, so kann schon durch ihr Abschalten in Leerlaufzeiten eine Menge Strom gespart werden. Der Standby-Betrieb ist generell zu vermeiden, nicht nur für Produktionsanlagen, sondern auch für jeden PC und Bildschirm im Betrieb. (3), (4), (7)

Meist sind aber erst einmal Investitionen erforderlich, bevor der Energieverbrauch reduziert werden kann. Welche Projekte angegangen werden sollen, hängt im Wesentlichen von Finanzierungsmöglichkeiten sowie der Energiepolitik bzw. den Energiezielen des Unternehmens ab. Man sollte allerdings nicht den Aufwand scheuen, eine Energieeffizienz-Investition durchzurechnen. Häufig amortisieren sich diese innerhalb kürzester Zeit durch die großen Energieeinsparungen, die erreicht werden können. Wichtig ist aber, dass alle Daten, Ziele, Projekte und Fortschritte sorgfältig dokumentiert, fortwährend kontrolliert und stetig weitergeführt werden. Durch das Energiemanagement-System soll ja ein kontinuierlicher Verbesserungsprozess in Gang gesetzt werden, der nach und nach zu immer höheren Energieeinsparungen führt. (3), (4), (7)

Sind die Anforderungen an ein Energiemanagement nach DIN EN 16001 erfüllt, so kann von einem

Auditor das Zertifizierungsaudit durchgeführt werden. Das Zertifikat wird für drei Jahre erteilt, allerdings sind Kontrollaudits in jährlichen Abständen erforderlich. Für ein mittelständisches Unternehmen kostet die Zertifizierung von 3 000 bis 10 000 Euro. Dafür sind aber Energiekosteneinsparungen von zehn bis 20 Prozent die Regel. (3), (6)

Ein weiteres Argument, das für ein zertifiziertes Energiemanagement-System spricht, ist das Haushaltsbegleitgesetz. Darin ist von der Bundesregierung festgelegt, dass ab dem Jahr 2013 Vergünstigungen bei der Energie- und Stromsteuer nur noch denjenigen Unternehmen zu gewähren sind, die eine Gegenleistung erbringen. Der Spitzenausgleich der Energie- und Stromsteuer ist dann von Energieeinsparungen abhängig, die über ein Energiemanagement-Zertifikat und die darin dokumentierten Projekte nachgewiesen werden müssen. Ziel der Bundesregierung ist eine Energieeffizienz-Steigerung der produzierenden Unternehmen von mindestens 2,1 Prozent im Jahr. (2), (4), (9)

Weitere Energiemanagement-Programme/-Zertifikate

40 Prozent des deutschen Primärenergiebedarfs werden von Gebäuden benötigt. Entsprechend hoch sind mögliche Einsparungen, wenn nachhaltig und energiesparend gebaut oder eine Renovierung und Umrüstung nach neuesten Nachhaltigkeitskriterien durchgeführt wird. Zwei Zertifikate zeigen dem Immobilien-Interessenten, wie energiesparend ein Gebäude ist - das Sigel der DGNB (Deutsche Gesellschaft für nachhaltiges Bauen) sowie das aus dem amerikanischen Raum kommende LEED-Zertifikat (Leadership in Energy and Environmental Design = führendes Energiespar- und Umweltschutz-Design), das es als Silber-, Gold- oder Platinauszeichnung gibt. Wie aktuelle Beispiele zeigen, kann durch energiesparendes Bauen ein bis zu 30 Prozent geringerer Energiebedarf erreicht werden. Auch für Mieter sollte der Blick auf den Energiebedarf Usus sein, bevor ein Objekt angemietet wird. (8)

Für Gemeinden, Städte und Landkreise gibt es den European Energy Award in Silber und Gold. Um diese Auszeichnung zu erlangen, unterziehen sich die Kommunen einem intensiven Prüfverfahren, das alle Energiespar- und Klimaschutzmaßnahmen dokumentiert, analysiert und regelmäßig kontrolliert. Die Arbeit am European Energy Award wird in örtlichen Energieteams vorangetrieben, in welchen neben Vertretern aus Verwaltung und Politik auch interessierte Bürger einen Platz finden. Begleitet wird das Team von einem akkreditierten EEA®-Berater. Ähnlich wie bei der DIN EN 16001-Zertifizierung werden die Maßnahmen in einem Audit auf den Prüfstand gestellt. Wurden 50 Prozent der möglichen Maßnahmen durchgeführt, erhält die Kommune den European Energy Award in Silber, wurden sogar 75 Prozent erreicht, den European Energy Award in Gold. (10)

Trends

Vor allem in produzierenden Betrieben verstecken sich noch viele Energie-Einsparpotenziale, die gehoben werden können. Noch ist die Zahl der Unternehmen, die gezielt an der Steigerung ihrer Energieeffizienz arbeiten mit 20 Prozent viel zu gering. Die Verpflichtung zu einem Energiemanagement-System für Energiesteuer-Begünstigungen ab 2013 dürfte den Bemühungen aber einen Schub geben. Mit staatlichen Maßnahmen alleine ist es dennoch nicht getan. Jedes Unternehmen sollte daran interessiert sein, den Energieverbrauch und damit die Betriebskosten zu senken. Schon aus ökonomischen Gesichtspunkten sind Energiemanagement-Systeme sinnvoll. Ökologisch gesehen, ist der sparsame Umgang mit Energie sowieso das Gebot der Stunde. (5)

Fallbeispiele

Die EnergieAgentur.NRW hat Ende 2010 das Pilotprojekt MOD.EEM (Modulares Energie-Effizienz-Modell) gestartet. Dadurch sollen die Unternehmen in Nordrhein-Westfalen bei der Einführung eines Energiemanagement-Systems unterstützt werden. Für die 100 teilnehmenden Unternehmen wurden drei Pakete geschnürt, die diese zur Zertifizierungsfähigkeit nach DIN EN 16001 führen sollen. (9)

Das Spezialunternehmen für hochschmelzende Metalle und technische Keramiken H. C. Starck in Goslar war eines der ersten Unternehmen in Deutschland, das die Zertifizierung nach DIN EN 16001 erhalten hat. Durch das Energiemanagement-System konnte ein umfassender Überblick über alle Ver- und Entsorgungsaktivitäten geschaffen werden. (11)

Der Landkreis Görlitz hat im November 2010 den European Energy Award erhalten. In einer zehnstündigen Prüfung wurde bestätigt, dass der Landkreis bereits 63 Prozent der vorgesehenen Projekte realisiert hatte; die Bemühungen gehen kontinuierlich weiter. (10)

Weiterführende Literatur

(1) Energiemanagementsysteme – Zertifizierung nach DIN EN 16001:2009 Energiekosten reduzieren leichter gemacht
aus Quality Engineering, Heft 1, 2010, S. 8

(2) Suche nach der undichten Stelle
aus Handelsblatt Nr. 197 vom 12.10.2010 Seite B08

(3) Zertifizierung von Energiemanagementsystemen
aus EnEV aktuell vom 22.09.2010, Nr. 03

(4) Energiemanagement: Zertifizierung nach DIN EN 16001 zahlt sich mehrfach aus Die Lizenz zum Energie und Steuern sparen
aus Industrieanzeiger, Heft 19, 2010, S. 47

(5) Umweltmanagement Gelebte Nachhaltigkeit
aus HANDELSBLATT online 20.01.2011 11:49:15

(6) Darum prüft, ob sich nichts Besseres findet
aus Markt und Mittelstand vom 03.12.2010, Nr. 12, S. 54

(7) Energiemanagement spart den Betrieben Kosten
aus VDI NR. 15 VOM 16.04.2010 SEITE 20

(8) "Den Bauherrn einen Schritt weiter bringen"
aus VDI NR. 20 VOM 21.05.2010 SEITE 10

(9) Energiemanagement für Unternehmen - Pflichtaufgabe der Zukunft?

aus melliand Textilberichte Nr. 06 vom 08.12.2010
Seite 197

(10) Der Landkreis Görlitz wurde energiepolitisch auf
Herz und Nieren geprüft
aus Sächsische Zeitung vom 02.02.2011 Seite v807

(11) Energiemanagement-System bei H. C. Starck
aus CHEManager 11/2010

Impressum

Energiemanagement-Zertifizierung - Energiekosten und Steuern sparen

Bibliografische Information der deutschen Nationalbibliothek

Die Deutsche Nationalbibliothek verzeichnet diese Publikation in der deutschen Nationalbibliografie; detaillierte bibliografische Daten sind im Internet über http://dnb.d-nb.de abrufbar.

ISBN: 978-3-7379-1519-9

© 2015 GBI-Genios Deutsche Wirtschaftsdatenbank GmbH, Freischützstraße 96, 81927 München, www.genios.de

Alle Rechte vorbehalten. Dieses Werk ist einschließlich aller seiner Teile – z.B. Texte, Tabellen und Grafiken - urheberrechtlich geschützt. Jede Verwertung außerhalb der Grenzen des Urheberrechtsgesetzes bedarf der vorherigen Zustimmung des Verlags. Dies gilt insbesondere auch für auszugsweise Nachdrucke, fotomechanische

Vervielfältigungen (Fotokopie/Mikroskopie), Übersetzungen, Auswertungen durch Datenbanken oder ähnliche Einrichtungen und die Einspeicherung und Verarbeitung in elektronischen Systemen.